AF260143

LE
MINISTÈRE DE LA MARINE

SOUS LA COMMUNE

Réponse à M. MAXIME DU CAMP

PAR

P. MATILLON

RÉCIT VÉRIDIQUE

DES

ÉVÉNEMENTS DES 22, 23 ET 24 MAI 1871

PARIS

F. ROY, LIBRAIRE-ÉDITEUR

185, RUE SAINT-ANTOINE, 185

LE
MINISTÈRE DE LA MARINE
SOUS LA COMMUNE

Réponse à M. MAXIME DU CAMP

PAR
P. MATILLON

RÉCIT VÉRIDIQUE

DES

ÉVÉNEMENTS DES 22, 23 ET 24 MAI 1871

PARIS
F. ROY, LIBRAIRE-ÉDITEUR
185, RUE SAINT-ANTOINE, 185

APOSTASIE

—

A UN VIEILLARD

Vieillard! vous auriez pu demeurer honorable,
Vivre encor quelque temps, et mourant honoré,
Vous en aller joyeux vers l'avenir durable
    En gardant un nom révéré!

Vous auriez pu, vivant votre modeste vie,
Cherchant avec ardeur la fin de vos travaux,
Faire par vos vertus taire à jamais l'envie,
    Et préparer les temps nouveaux!

Vous auriez pu, fidèle à nos chères pensées,
Nous montrer le chemin, et nous dire : « En avant!
« Les choses d'ici bas ne sont pas dispersées
    « Comme des feuilles par le vent! »

Vous auriez pu, luttant au milieu des orages,
Ainsi qu'un vieux sapin qui ne veut pas finir,
Pendant que nous tombions à travers les naufrages,
    Du doigt nous montrer l'avenir !

Vous auriez pu, restant solide, intact, auguste,
Entrer comme un soleil dans la postérité ;
Nous aurions dit alors : « Cet homme fut un juste ;
    « Que partout il soit respecté ! »

Mais non, il faut hélas ! que sans foi, sans justice,
Lâchement, tristement, et sans faire un effort,
Sans se défendre, il faut que votre nom périsse,
    Comme un vaisseau qui sombre au port !

Vous avez oublié le pacte d'alliance
Et votre probité célébrée en tout lieu,
Et vous avez osé vendre votre croyance
    Comme Judas vendit son Dieu !

Et tout cela, mon Dieu ! pour grossir vos sacoches,
Pour augmenter un peu vos bien-être derniers !
Nous avons entendu résonner dans vos poches
    L'or impur des trente deniers !

Eh ! non ! vous étiez riche ! A ces coquineries
Quoi donc a pu pousser votre cœur incomplet?
C'est un ruban de plus, c'est quelques broderies
    Que l'on peut mettre à son collet!

C'est un besoin honteux d'avoir une âme vile,
C'est quelque lâche avis soufflé par le démon,
C'est l'erreur de penser qu'en devenant servile
    On agrandira son renom!

Aussi dans le présent, et plus tard, dans l'histoire,
Malgré talent, sagesse, éloquence et raison,
Il traînera toujours près de votre mémoire
    Un vieux parfum de trahison!

Quand le galérien à terminé sa peine,
Il ne peut, quoi qu'il fasse, arriver au rachat,
Car il porte toujours la trace de la chaîne
    Qu'il a traînée étant forçat!

MAXIME DU CAMP.

(Extrait de : *Les Chants modernes*, par Maxime du Camp;
1 vol. in-3; Paris, 1855; Michel Lévy frères, éditeurs).

Paris, le 14 octobre 1879

A Monsieur le RÉDACTEUR EN CHEF

De la *Revue des Deux-Mondes*

Monsieur,

La Revue des deux Mondes, *dans ses numéros des* Ier *et* 15 *mars* 1878, *a inséré un récit de M. Maxime Du Camp, intitulé :* le Ministère de la marine sous la Commune. *Cette publication eut pour conséquence directe de me décider à venir demander justice des calomnies dont j'avais été l'objet.*

Ma confiance dans le succès de ma cause était si grande et si légitime que je négligeai d'avoir recours à la plus simple des mesures de prudence : Rechercher moi-même mes témoins.

Privé des dépositions qui m'étaient indispensables pour faire reconnaître mon innocence et réduit aux seules protestations de ma conscience indignée, je fus reconnu coupable par le 3ᵉ conseil de guerre, siégeant à Paris, de complicité de pillage et d'incendie et, comme tel, condamné aux travaux forcés à perpétuité.

Un décret d'amnistie, du 5 juin 1879, m'a rendu tous mes droits de citoyen français; j'en use aujourd'hui en vous adressant le récit rectificatif ci-après.

Déjà, lorsque M. Maxime Du Camp a réuni son article à d'autres pour en former le volume publié par la librairie Hachette, sous le titre : Les convulsions de Paris, il a modifié, atténué et souvent même fait disparaître les passages où il m'attaquait le plus violemment. Cet écrivain ayant compris de lui-même qu'il ne pouvait maintenir des imputations aussi odieuses, votre loyauté vous fera également une loi de reconnaître que j'ai le droit et le devoir de faire parvenir la vérité aux lecteurs de la Revue des deux Mondes. Sans doute ils ne trouveront pas dans mon récit le mérite littéraire qui s'attache aux écrits de M. Maxime Du Camp; on ne verra que trop que toute prétention de ce genre m'est interdite; mais, du moins, tout ce que je dirai sera exact et sincère.

Vous trouverez peut-être, Monsieur, que j'ai donné à ma réponse un bien long développement *permettez-moi de vous faire remarquer, à ce sujet, que l'article de M. Maxime Du Camp occupe 72 pages de la Revue des Deux-Mondes, qu'il est question de moi implicitement dans plus de la moitié de son travail et que mon nom et mes actes y remplissent au moins 12 pages.*

Comptant sur votre impartialité pour obtenir l'insertion de cette réponse, dans votre plus prochain numéro, je vous prie d'agréer, Monsieur, l'assurance de ma considération.

P. Matillon.

MINISTÈRE DE LA MARINE

SOUS LA COMMUNE

LES ALLÉGATIONS

DE

M. Maxime DU CAMP

En essayant de classer les attaques dont je suis l'objet dans le travail de votre collaborateur je trouve qu'elles se rapportent aux crdres de faits suivants :

1° Mon portrait et mes antécédents (p. 113);

2ᵉ La part que j'aurais prise dans les détournements et pillages (p. 114, 242 etc.);

3° La part que j'aurais prise dans l'insurrection au point de vue militaire (p. 261);

. 4° La part que j'aurais prise dans les incendies de la rue Royale et dans le projet d'incendier et de faire sauter le Ministère de la Marine (p. 249, 264, 266, à 269 et 272).

Je vais répondre directement aux deux premières; quant aux deux autres, comme je ne voudrais pas prolonger une polémique sans intérêt pour le lecteur, j'y répondrai par un récit exact des évènements principaux qui ont eu lieu au Ministère de la Marine ou aux environs, pendant les journées des 22, 23 et 24 mai 1871.

MON RÔLE CIVIL

DANS LES ÉVÈNEMENTS DE LA COMMUNE.

Et d'abord M. Maxime Du Camp me représente comme passionné en politique, viveur, hautain, capable de toute violence. Si ce portrait était exact, il serait justifié par ma vie passée, soit militaire, soit civile; Or, l'une comme l'autre protestent contre ces assertions.

MILITAIRE. — Engagé volontaire à 17 ans, je prends mon congé, comme maréchal-des-logis-fourrier au 2ᵉ de Spahis, avec un folio vierge de toute punition. Plus tard, dans une lettre qui

est à mon dossier, mon ancien colonel, consulté,
a répondu de la façon la plus élogieuse. En
1870, lors de nos premiers désastres, le général
commandant la première brigade de Moulins
veut me faire accepter le grade de capitaine
dans la mobile de mon département; je refuse
pour contracter un engagement volontaire pour
la durée de la guerre. Admis, avec mon grade,
à l'escadron du 1er spahis qui se trouvait à
Paris, j'y remplis jusqu'à mon départ les fonctions de maréchal-des-logis chef; cela très-
sûrement à la satisfaction du commandant,
M. de Balincourt, qui, en janvier, voulut me
proposer pour sous-lieutenant. La seule punition qui m'ait été infligée, le fut pour avoir
tenté, lors de la capitulation de Paris et lorsqu'il était question d'envoyer l'armée active
en PRUSSE, de sortir de la capitale pour aller
rejoindre l'armée de la Loire

CIVIL. — Après les évènements de 1871, je
vais en Belgique; expulsé à la suite d'une note
envoyée par le Gouvernement français, je reviens à Anvers, où, sans argent, sans appui,
grâce à mon travail et à mon activité, j'avais
pu me faire une position comme commission-

naire en grains. Au moment de mon jugement, les principaux négociants d'Anvers ont envoyé au conseil un certificat, constatant que, pendant mon séjour parmi eux, ils n'avaient eu qu'à se louer de moi sous tous les rapports. J'extrais de deux lettres qui sont à mon dossier et qui furent adressées l'une par M. E. Gressin-Dumoulin, rédacteur en chef du journal *l'Opinion* d'Anvers et l'autre par M. Bouillat, consul général de France en Belgique, les passages suivants :

Lettre Dumoulin — « C'est en effet M. Matillon qui a pris l'initiative de la souscription ouverte en 1875, à Anvers, en faveur des inondés de France ; les sommes que nous avons transmises au gouvernement français ont été en grande partie recueillies par lui et *c'est à lui surtout* que revenaient les remercîments qui nous ont été adressés par M. Bouillat, consul général de France, au nom de M. le *Ministre des affaires étrangères*. J'ajouterai que, pendant son séjour parmi nous, M. Matillon s'est conduit en parfait galant homme, ne s'occupant nullement de politique. Il consacrait tout son temps à ses affaires et aux relations qu'il s'était créées dans le monde le plus honorable. »

Lettre du Consul. — « Je ne puis, d'après les renseignements que j'ai pris sur son compte, que rendre le meilleur témoignage de sa conduite pendant son séjour ici. J'ajouterai qu'au moment ou des comités de secours se sont formés, il y a trois ans, dans les principales villes de la Belgique, pour venir en aide aux victimes des inondations du midi de la France, M. Matillon m'a été signalé comme un de ceux qui s'occupaient avec le plus *de zèle de recueillir des souscriptions.* »

Je passe sous silence les 479 siguatures apposées à la même époque, par mes concitoyens de Moulins, les plus notables, à un certificat des plus honorables, pour moi et pour ma famille, et je reviens à ma gestion comme comptable au Ministère de la Marine : les attaques dont elle a été l'objet m'obligeront à de plus longs développements.

Je me trouvais à Paris, retenu par les fièvres, lors de l'insurrection de mars. Certes si la République n'avait pas eu déjà toutes mes sympathies, les désastres causés par l'Empire m'eussent rallié à cette forme de Gouvernement. Toutefois, ne connaissant rien à la politique, c'est moins pour avoir épousé les idées formulées à l'Hôtel-de-ville que pour éviter le service actif dans la garde nationale, qu'en avril, sur la proposition d'un ami qui croyait m'être utile et lorsque 250,000 électeurs eurent, par leurs votes, donné consécration aux évènements accomplis, je consentis à accepter un poste sédentaire dans une des administrations de la Commune.

L'Hôtel de ville venait de décider la réorganisation du Ministère de la Marine. Présenté le 8 ou le 9 avril à M. Lattapy, j'acceptai l'offre qu'il me fit de me nommer son chef de comptabilité, à condition qu'il me donnerait carte blanche pour me faire rendre compte de la gestion précédente, cela afin de limiter les responsabilités.

Boiron, en sa qualité d'ancien clerc de notaire, se chargea de l'inventaire et des scellés à apposer aux portes des appartements, privés ou autres. D'après les dires de M. Maxime du Camp, ce serait justement pendant le temps nécessaire à ces opérations qu'on aurait constaté certaines disparitions d'objets de valeur. A ces accusations, je répondrai, pour ce qui me concerne, que je mets au défi qui que ce soit des anciens employés de l'État, de dire qu'il m'ait jamais vu pénétrer dans aucune autre pièce que celles où nous avions nos bureaux. Pour ce qui regarde mon ami Boiron, la façon dont il s'acquitta de sa mission devra répondre pour lui. Un carnet d'une main, une plume de l'autre, il notait, inscrivait tout, en présence des témoins Gablin et Langlet, je crois adjudant de marine, qui signèrent avec lui le procès-verbal d'inventaire, fait en double, après quoi toutes les clefs, sans exception, furent remises à Gablin. Si ces témoins, qui étaient des agents du gouvernement, avaient pu concevoir le moindre soupçon, où ils en auraient fait la remarque, où ils auraient refusé de signer le procès-verbal.

M. Maxime Du Camp a-t-il su que, après la rentrée des troupes, une des chambres correctionnelles de Paris eut à juger et à condamner certains employés subalternes de l'administration régulière, accusés de détournements? J'engagerai M. Maxime Du Camp à faire une visite à M. Auguste *Juin*, qui lui montrera des certificats, délivrés par MM. *de Branges, Leborgne, Courteville* et *Thibault*, chefs de bureau au Ministère : tous sont conçus dans le même esprit, moins la désignation des objets, que celui dont voici la copie textuelle :

2

« Je certifie que le nommé *Juin* Auguste-Louis, âgé de 34 ans, ouvrier serrurier, attaché au Ministère de la Marine, a sauvé des mains des Communeux qui faisaient une perquisition dans mon bureau, en avril dernier, une boîte de *bijoux* et autres *objets précieux* m'appartenant, et que cette boîte m'a été remise par lui, à mon retour à Paris, au mois de juin suivant.

24 novembre 1871; *de Branges*. »

Pourrait-on produire une meilleure preuve que nous n'étions pas les maîtres au Ministère? La plupart desdits objets n'auraient-ils pas été classés parmi les disparus?

CAISSE. — Lorsqu'on fit l'inventaire de la caisse, qui fut démontée et non brisée, l'ouverture eut lieu en présence de quatre témoins : Gablin et Langlet, pour l'administration régulière, Boisseau et moi, pour la délégation. Tous quatre nous avons signé le procès-verbal d'ouverture. La caisse contenait une somme de *onze cents francs*, qui fut portée en recette, et une ou deux médailles en or. Ces dernières ne m'ont pas été confiées; j'ai tout lieu de croire cependant qu'elles ont été réunies à celles, plus nombreuses, or et argent, qu'on trouva plus tard dans un meuble, et qui toutes furent remises, contre reçu, à l'administration des finances par M. L......, mon employé, personne honorable s'il en fut, prêt à en témoigner.

ARGENTERIE. — Le 14 ou le 15 avril, le Directeur des domaines de la Commune, M. Fontaine, vient notifier l'ordre donné pour la remise de l'argenterie. Près d'un mois s'était écoulé depuis le 18 mars ; on pensa que les employés laissés à Paris avaient dû mettre l'argenterie et les autres objets précieux en lieu sûr. Gablin ayant été appelé et interrogé, Boiron et Lattapy furent fort étonnés d'apprendre qu'on eût laissé quelque chose au Ministère : la remise se fit en présence de Gablin, à qui Fontaine donna décharge en règle.

M. Maxime Du Camp, en faisant connaître qu'on avait fait la part du feu, raconte que M. Gablin, aidé des nommés *Juin* et *Manfrina*, à qui la plus grande discrétion fut recommandée, avait, toujours dans le plus grand mystère et en se cachant des autres fonctionnaires de l'Etat, enfoui l'argenterie dans les fosses du Ministère ; que des cachettes auraient été faites un peu partout pour y fourrer les objets précieux.

Manfrina et Juin affirment qu’ils n’ont caché au Ministère, en fait d’objets de valeurs, que les médailles des pupilles, qui ont été placées dans le plâtre et sous les combles. Je laisse la parole à M. Juin, qui, devant témoins, s’est exprimé de la manière suivante : «—L’argenterie a été transportée dans quatre ou cinq grandes malles ou caisses, d’abord 269, rue du Faubourg-Saint-Honoré, chez un ami de Gablin, puis ensuite chez M. le marquis de Chasseloup-Laubat, ancien ministre de l’Empire. Ce dernier transport a été effectué par le nommé Roger, ancien garçon de M. Chasseloup-Laubat et moi. » Serait-ce cette variante à la vérité qui aurait engagé nombre d’employés de l’administration régulière à se demander laquelle de ces deux parties, ou de celle livrée à Fontaine, ou de celle cachée, devait être la vraie part du feu ?

Dès que j’eus été investi de mes fonctions, je fis part à Durassier, commandant de la flottille, et à son commissaire maritime, de la résolution que j’avais prise de vérifier leurs recettes et dépenses ; je demandai la production de toutes les pièces justificatives.

Leur mauvais vouloir et les subterfuges qu’ils employèrent pour gagner du temps me firent concevoir des doutes sur la régularité de leurs opérations. J'allai au Ministère des finances ; j'y pris note des sommes qu'on leur avait remises; je consultai le registre des effectifs; et, grâce à quelques indices, je pus me rendre compte de ce qui avait eu lieu. J'avisai M. Lattapy de ma découverte. On les mit aux arrêts forcés; puis on demanda l'autorisation à l'Hôtel-de-Ville d'informer contre eux. Quelques réclamations nous ayant été adressées par le commerce, je procédai à une enquête sérieuse : chargé de faire le rapport, mes conclusions furent telles que Durassier et son agent furent envoyés devant une cour martiale. Pour agir ainsi, nous ne reçûmes ni de l'Hôtel de ville, ni de personne, ordre de vérifier les écritures ; c'est sur mon initiative personnelle et d'après mes recherches que le pot aux roses fut découvert.

L'enquête avait mis à jour les faits les plus étranges et les gaspillages les plus insensés. L'impartialité et l'amour de la vérité me font un devoir de reconnaître que, sur ce point, les critiques sévères de M. Maxime Du Camp ne sont pas sans fondement. Mais s'il se fût le moins du monde soucié d'être juste et s'il eût pris, comme c'était son devoir, la peine de puiser ses renseignements à des sources moins suspectes, cet écrivain eût pu se rendre compte que, s'il y a eu au Ministère de la Marine des désordres, des réquisitions exorbitantes et peut-être des malversations, non-seulement tous ont été antérieurs à l'entrée en fonctions de la *Délégation*, mais qu'ils ont pris fin avec son arrivée à la Marine.

Dans un aussi déplorable état des choses et des esprits, il fallait, avant tout, réagir d'une façon énergique sur le moral des hommes et établir une discipline d'autant plus sévère, qu'elle avait été jusqu'alors plus relâchée.

En ma qualité d'ancien militaire, je rédigeai, avec l'assentiment et les conseils de Lattapy, un règlement de service intérieur. Je traçai moi-même les modèles des situations journalières, états de solde ou autres, qu'on aurait à nous fournir. Un tableau comparatif de la solde affectée à chaque emploi fut affiché dans chaque canonnière; et, pour couper court avec le système des réquisitions, on fit un ordre du jour qui, sous les peines les plus sévères, les interdisait formellement. Il y eut bien des protestations, des menaces, des mutineries; quelques hommes allèrent même réclamer à l’Hôtel de ville contre les diminutions de solde que nous avions faites, mais devant notre fermeté et la faculté accordée aux mécontents de se retirer, tout rentra dans l’ordre.

A M. Peyrusset, chef d’état-major, remercié pour son intempérance, avait succédé M. Doussot, lieutenant de vaisseau en retraite, chevalier de la Légion d’honneur (Note A) : les services se réorganisèrent promptement.

Fin avril, l’officier d’administration comptable des magasins d’habillement et d’équipement de la Marine (administration régulière) vint nous prévenir que, par ordre du Délégué à la guerre, un colonel et des hommes habillés en marins l’avaient contraint de leur délivrer des vêtements (linge et chaussure, petit et grand équipement) pour l’organisation d’un corps, dont nous ne soupçonnions pas même l’existence, *les Fusiliers-marins*. Ordre fut donné à l’officier comptable de ne rien délivrer sans la signature de Lattapy; en même temps, on adressa une demande de renseignements à Cluseret. La Guerre envoya ordre sur ordre pour la livraison des vêtements; de notre côté, on confirma la défense déjà faite. La position du préposé devint assez critique, les Fusiliers-marins l'ayant menacé de prendre de vive force ce dont ils avaient besoin.

Dans un rapport adressé à l'Hôtel de ville, on exposa la situation dans laquelle on avait trouvé la flottille de la Seine; on énuméra les vols et les gaspillages qui avaient été la conséquence d'une mauvaise gestion; on fit valoir que la Délégation de la Marine, en demandant la surveillance administrative des Fusiliers-marins, n'avait eu qu'un but: *réprimer les abus et faire la part des responsabilités.* On ajouta qu'il était de l'intérêt et de la dignité de la Commune d'exercer un contrôle sérieux sur les corps francs.

Cette question faillit donner naissance à une tempête; Cluseret et ses partisans demandèrent le remplacement de Lattapy par Lullier : cependant, grâce à l'appui de Cournet, Lattapy l'emporta ; et, les Fusiliers-marins reçurent l'ordre d'avoir à se conformer à nos exigences.

Je procédai avec eux comme je l'avais fait pour Durassier. L'enquête close, le colonel et son comptable — ancien sous-commissaire maritime de l'Empire — furent conduits à la prison du Cherche-Midi, où ils se trouvaient encore à la rentrée des troupes, attendant le moment de leur mise en jugement pour malversations et dilapidation des fonds de l'État.

Je dois dire ici quelques mots de nos rapports avec le personnel régulier. Dans les premiers jours qui suivirent notre installation, nous ne vîmes pour ainsi dire personne. Lorsqu'on nous eût vu faire une enquête sur les agissements de Durassier et procéder avec régularité, les employés sortirent de leurs cachettes et vinrent, les uns après les autres, nous faire leurs offres de service. Quelques-uns nous firent des protestations de dévouement : à eux, comme aux autres, on recommanda simplement de ne point faire d'opposition systématique. La plupart des employés subalternes des magasins et annexes, n'ayant plus touché d'appointements depuis le 1er mars, se trouvaient dans la gêne. On fit le rappel de leur traitement ; et tous furent payés par nos soins. Pendant le courant du mois d'avril, comme le Délégué à la Guerre avait ordonné le renvoi immédiat de tous les employés autorisés par Versailles à rester dans Paris, j'allai, après avoir obtenu l'assentiment de Lattapy, protester contre cette mesure et la faire rapporter, pour ce qui concernait la Marine. De deux choses l'une, exposai-je, la Commune sera ou victorieuse ou vaincue : dans l'un comme dans l'autre cas, on devra, à un moment donné, rendre compte des richesses laissées dans les ministères ou autres monuments; dans cette attente, maintenir les titulaires, serait faire acte de sagesse et de bonne prévoyance : on ne pouvait être à la fois *moins naïf et plus conservateur*.

Chacun des services avait sa comptabilité spéciale avec agents responsables. Je ne m'occupais que de la centralisation et de pourvoir aux besoins de tous. A cet effet, toutes les pièces comptables, ou documents administratifs, me revenaient, avec la signature des chefs de service. Pour assurer la solde et l'argent nécessaire aux dépenses de la Délégation, j'établissais mes demandes pour le délégué aux Finances d'après les états fournis par chaque service. Toute facture ou dépense, pour être réglée par le caissier, devait être signée par le chef de service que la facture concernait, vérifiée par moi et approuvée du délégué. Le 15 mai, le relevé général de toutes nos recettes et dépenses, avec pièces justificatives à l'appui, avait été remis à l'administration des Finances.

A propos des réquisitions faites au commerce par Durassier et autres, nous eussions pu nous entendre directement avec les négociants dont les intérêts avaient été lésés. Pour plus de régularité, et pour éviter qu'on ne nous accusât d'avoir voulu pallier ces gaspillages, j'en fis l'énumération complète dans mon rapport à l'Hôtel de ville, en y joignant les pièces ou factures justificatives. Je fis connaître aussi que nous avions payé les dépenses minimes et, qu'après entente avec les intéressés, nous avions rendu, en tout ou partie, les fournitures livrées, comme celles de MM. Bréguet, quai de l'Horloge, et Ducray-Chevalier, opticien. Quant aux paiements de quelque importance, je demandai instamment qu'on voulût bien ordonnancer directement les mandats et les faire régler par les Finances, ce qui eut lieu.

M. Maxime Du Camp, non content de nous avoir fait endosser les réquisitions, a avancé, qu'à la rentrée des troupes, les négociants du quartier avaient apporté au Ministère des bons de réquisitions, dont le montant s'élevait à *quatre-vingt-deux mille francs.* Voici qui donnera une idée de la valeur de ces allégations : pendant l'instruction de mon procès, de mai à

septembre 1878, on fit venir tous les négociants avec qui nous avions été en rapport
d'affaires; personne ne put dire que nous leur
avions fait le moindre tort; tous, au contraire,
confirmèrent mes assertions. Je trouve parmi
ces dépositions les deux suivantes, que je re-
produis littéralement :

*Déposition de M. Ducray-Chevalier, opticien,
29 mai 1878.* — « Pendant la Commune, un
nommé Durassier s'est présenté chez moi,
demandant la fourniture de divers instruments
de marine. Je pris note de sa commande, que
j'expédiai, par un de mes employés, au Ministère de la marine. J'ai été averti, je ne saurais
préciser à quelle époque, d'avoir à faire retirer
la fourniture, qui me fut intégralement resti-
tuée. — Signé : DUCRAY-CHEVALIER. »

*Déposition de Madame veuve Renard, rue Vi-
vienne, 27 mai 1878.*—« Pendant la Commune,
mon mari, décédé depuis, a été réquisitionné
pour faire une fourniture importante, pour les
besoins de la flottille insurgée. Cette fourniture
consistait en sabres, révolvers, galons, ceintu-
res, etc. La note se montait à peu près à qua-

tre mille francs. On devait payer en livrant, ce qui n'a pas été fait. La livraison avait été placée dans une cabine, à bord. Mon mari est allé au ministère de la marine faire sa réclamation. On lui a appris, au Ministère, l'arrestation de Durassier, et on lui a fait rendre une partie de la fourniture, après l'avoir indemnisé pour ce qui n'avait pas été restitué. — Signé : V. RENARD. »

MON ROLE PERSONNEL

DANS LES JOURNÉES DES 22, 23 et 24 MAI 1871.

Lundi 22 mai. — La nouvelle que la trahison venait de faire ouvrir deux portes à l'armée régulière ayant été apportée au Ministère, le délégué s'empressa de réunir les chefs de service. A l'aube, nous vîmes les gardes nationaux, qui, trop peu nombreux pour résister aux coups d'un ennemi inattendu, avaient abandonné les remparts, revenir dans le plus grand désordre. Quelques chefs essayaient bien de rallier leurs hommes; mais la peur que produisit la pluie de projectiles, qui labouraient la place de la Concorde, augmenta la confusion.

Cette débandade nous fit supposer que la résistance serait inutile et, qu'avant la fin de la journée, le gouvernement de la Commune aurait vécu. Cependant on doutait encore que les troupes fussent entrées dans les murs d'enceinte; je voulus m'en assurer. Malgré les balles et les obus qui coupaient, brisaient les arbres, les bancs, les candélabres des Champs-Élysées, je pus arriver jusqu'au rond-point; quelques retardataires m'annoncèrent que la porte Maillot avait été occupée par l'armée, dès une heure du matin. Je rentrai faire cette communication, mais déjà toute illusion avait été perdue au Ministère : J'appris, qu'en prévision du prochain dénoûment et pour éviter de laisser retrouver les noms de ceux qui avaient prêté leur concours à la Délégation, M. Lattapy avait envoyé chercher les livres, les contrôles, les rôles des équipages, et que le tout avait été brûlé dans la cheminée du cabinet du ministre, devant tous les autres chefs de service. Comme je protestais contre la destruction de ma comptabilité, Lattapy me répondit qu'il ne m'aurait pas cru aussi naïf.

Il était environ cinq heures. On s'attendait à chaque instant à voir apparaître les troupes, et les fameuses barricades de la place de la Concorde n'avaient encore ni canons, ni défenseurs. Si l'armée avait mis à profit l'effroi que sa surprise avait causé, qu'elle n'eût point, par ses hésitations, donné le temps aux fédérés de secouer leur torpeur, Paris pouvait se réveiller, le 22 mai, sans même se douter qu'il avait changé de maîtres. Ce devait être l'affaire de quelques escadrons de cavalerie, qui, bien conduits, bien commandés, eussent pu s'emparer des principales positions, en attendant l'arrivée de l'infanterie. C'est seulement, en effet, vers les six heures du matin, que les premiers préparatifs de résistance furent organisés place de la Concorde; et, aussi à ce moment que fut amené le premier canon.

A l'assertion, émise par M. Maxime Du Camp, qu'on avait amassé depuis huit jours, dans la petite cour intérieure du Ministère, des provisions de pétrole et autres matières incendiaires, j'opposerai la réponse catégorique de M. Lainé père, ancien concierge du ministère de la marine — porte Saint-Florentin. — Cet honnête vieillard affirme que les premières touries de pétrole n'ont été apportées à la Marine que dans l'après-midi du mardi 23 mai.

N'ayant consenti à servir la Commune que d'une façon passive, je rentrai chez moi. A dix heures, heure à laquelle, selon M. Maxime Du Camp, je serais venu, en volontaire de la Commune, offrir mes services au colonel Brunel, je me trouvais à un rendez-vous que Boisseau et Cruchon, mes collègues, m'avaient fixé. — De ce que je portais habituellement un pardessus gris, on avait conclu que, puisqu'on avait vu, rue Royale, une personne vêtue ainsi, ce devait être moi. La nuance de ce vêtement n'avait cependant rien que de très-commun : depuis huit mois, la population masculine ayant eu le temps de se fatiguer des couleurs bleues ou noires des uniformes, avait adopté le gris, et j'avais fait comme tout le monde. — Après avoir déjeuné avec mes collègues chez un traiteur du faubourg Poissonnière, je les quittai vers une heure, avec l'intention de suivre le conseil qu'on m'avait donné : sortir de Paris.

J'avais laissé Boiron, mon ami d'enfance, au Ministère; par un sentiment bien naturel, je me décidai à y revenir, avec l'espérance de l'emmener avec moi. J'arrivai à la Marine, vers les cinq heures du soir, après avoir été obligé de mettre, à chacune des barricades que je trouvais sur mon parcours, le pavé réglementaire. Boiron n'était plus là, et, de toute la Délégation, je ne vis qu'un de mes employés, qui, venu le matin, comme d'habitude, à son bureau, s'était, en curieux, mêlé aux groupes des défenseurs.

L'hôtel du Ministère de la Marine avait été envahi par les gardes nationaux, qui s'étaient répandus un peu partout. Je craignis qu'on ne nous rendît responsables des vols et du pillage que cette occupation pouvait amener. Sans songer si ma présence allait aggraver ma situation personnelle, pris-je la résolution de rester pour veiller. Je fis aussitôt évacuer les appartements; je plaçai deux marins en faction à l'étage principal et leur donnai la consigne d'empêcher, même au besoin par la force, tout nouvel envahissement.

Après avoir demandé et appris que la position avait été placée sous le commandement du colonel Brunel, dont l'état-major se trouvait à la taverne anglaise, rue Royale, je me rendis près de ce chef, pour le prier de donner les ordres nécessaires pour faire respecter le Ministère; je ne pus le voir. Pour éviter que la cupidité et les convoitises de certaines gens ne fussent éveillées par la vue d'objets de valeur, faciles à dissimuler, je fis rassembler et remettre ces objets au chef du matériel.

On s'est étonné qu'avec ces intentions paci- fiques j'aie pris le titre de commandant civil de la marine; et, pour établir une connexité avec d'autres faits, on a prétendu que cet aveu impli- querait de ma part la reconnaissance tacite d'avoir exercé un commandement. A cela je pourrais répondre comme aurait répondu feu mon illustre compatriote, monsieur de la Pa- lisse, savoir: qu'un commandant civil n'est point un commandant militaire. Il y a mieux; sans armes, sans insignes d'aucune sorte, il me fallait cependant répondre quelque chose aux officiers et aux fédérés qui me demandaient de quel droit je les avais fait sortir des bureaux ou autres pièces.

Mardi, 23; mercredi, 24 mai. — La nuit avait été relativement calme, on avait bien échangé quelques obus et quelques coups de fusils; mais l'armée n'avait fait aucune tentative pour s'a- vancer, ni pour déloger les fédérés de leurs positions.

Au lever du jour, d'une des croisées du Ministère, j'assistai au départ d'une des Com-

pagnies de Fusiliers-marins. Dans la matinée,
un officier d'état-major, porteur d'une dépêche
adressée au commandant du Ministère, me fut
amené. Je ne savais si je devais ouvrir ce pli,
mais mon hésitation ne dura pas longtemps;
je fis sauter le cachet : c'était un ordre d'arrêter
et de faire conduire à l'Hôtel de ville Gablin,
Langlet et Lesage, accusés tous trois d'intelli-
gence avec Versailles. Coupables ou innocents,
me dis-je, leur arrestation ne saurait rien
changer aux évènements accomplis, mais faite
dans un tel moment d'effervescence, elle pourrait avoir pour eux les plus terribles conséquences : je pris sur moi de déchirer le mandat
d'amener et de répondre qu'ils avaient quitté
le Ministère. Le canon grondait au loin avec
une certaine intensité; mais, des deux côtés de
notre position, le tir avait plutôt ralenti qu'aug-
menté. En mettant la tête à une des fenêtres
de ma chambre, située juste au-dessus de la
grande porte cochère, je vis nos artilleurs qui
occupaient leurs loisirs à faire tirer le *tire-feu*
par une jeune fille, habillée en marin. — Quelques fonctionnaires subalternes de l'administration régulière, ceux justement qui prétendent
s'être toujours tenus à l'écart, se trouvaient

devant la loge et souriaient, comme pour applaudir au courage de cette malheureuse.

Vers une heure, quelques canonniers vinrent demander du vin; le concierge Lesage me les ayant adressés, je priai Gablin de leur faire distribuer un mélange d'eau et de vin.

Sur les deux heures, une jeune fille que je connaissais pour être la nièce des propriétaires de la taverne anglaise, arrivait au Ministère. Elle était sous le coup d'une violente émotion et nous demanda de sauver sa mère et sa tante; à nos questions elle répondit, entre deux sanglots, que les obus avaient incendié leur maison. J'eus, sans doute, tort de ne pas tenir compte de l'état de surexcitation dans lequel était cette personne, à qui la femme Vignon s'empressa de donner des soins. La vérité, si l'on en croit le récit publié, le 5 juin 1871, par le *Petit Moniteur universel*, qui l'avait emprunté au journal *Le Temps*, c'est qu'à l'heure indiquée plus haut, un insurgé, après avoir pénétré dans la maison de la taverne, serait monté dans les appartements de M. Dablin, huissier, et y aurait mis le feu aux rideaux, aux housses de fauteuils et aux matelas. M. Dalmagne, clerc de M. Dablin, s'empressa d'éteindre le feu et de prévenir les voisins. Cette tentative d'incendie, qui aurait été renouvelée à trois autres reprises, a été attribuée à une vengeance personnelle. Quoiqu'il en fût, ces faits justifient amplement la peur que dût éprouver cette demoiselle. J'allai à la taverne avec l'intention d'engager les locataires à venir se réfugier au Ministère. Les portes de cet établissement étaient fermées ; j'appelai, je frappai ; personne ne répondit. Un fédéré m'ayant dit que la maison devait avoir une issue sur un passage qui aboutissait près de la Madeleine, je pris cette direction, accompagné de ce fédéré et d'un de ses camarades. Arrivés à l'angle de la rue Royale, nous fûmes accueillis par une violente décharge de coups de fusils, tirés des croisées du boulevard Malesherbes. Les deux pauvres gardes, qui étaient à mes côtés, tombèrent, frappés de plusieurs balles : on les apporta sous une porte cochère, où une dame avait étalé des matelas et je rentrai au Ministère pour les envoyer chercher.

Avant de poursuivre, je crois indispensable de faire connaître l'état d'esprit dans lequel je me trouvais en ce moment. Aux pièces de gros calibre du mont Valérien qui, depuis quinze jours, avaient bombardé Paris sans relâche, étaient venues s'ajouter celles installées au Trocadero d'abord et à Montmartre, qui venait d'être occupé; la mitraille, les obus que nous envoyait l'artillerie versaillaise, tombaient dru comme grêle, frappant indistinctement insurgés ou autres, femmes ou vieillards. Bon nombre d'obus, en éclatant, avaient mis le feu de divers côtés: c'est ainsi, quoiqu'on en ait dit, que le Ministère des finances, incendié de cette façon, brûlait lentement derrière nous, depuis le lundi de grand matin. Le bruit s'était promptement répandu que l'armée ne faisait point de prisonniers et qu'elle fusillait impitoyablement tous ceux qui lui tombaient entre les mains, quoique rien encore ne pût faire supposer que, quelques heures plus tard, la Commune se livrerait elle-même aux derniers excès. Je fus indigné, exaspéré de ces procédés barbares, employés par des soldats français contre des compatriotes, qui avaient, pendant le siége de Paris par l'Étranger, enduré stoïquement des privations et des souffrances de tou es sortes et, donné au monde entier un admirable exemple de patriotisme.

Les fusillades et le duel d'artillerie avaient redoublé d'intensité, les balles et les éclats d'obus venaient briser, jusque dans la pièce où je me tenais avec les époux Vignon et les personnes de la taverne, les glaces et les meubles. J'étais occupé à matelasser les fenêtres, quand un garçon de bureau, le nommé Fauconnier, vint me dire qu'un officier de la garde nationale demandait à me parler. Je descendis; je vis dans la cour un capitaine à barbe blanche (impériale) en conversation avec les époux Lesage, qui me désignèrent à lui. Il m'aborda alors en me demandant un entonnoir. Je lui répondis assez sèchement que je n'étais point le magasinier. Ayant aperçu M. Gablin, je fis signe à ce dernier de venir; et j'engageai le capitaine à s'adresser à lui. Celui-ci ayant répondu négativement, l'officier fit demi-tour. La réflexion me vint alors de lui demander ce qu'il voulait faire de cet ustensile. Il me fit connaître, devant les époux Lesage, qu'il avait ordre d'incendier la maison située à l'angle gauche de la rue Royale et du faubourg Saint-Honoré. « Diable! ne pus-je m'empêcher d'objecter, vous avez une singulière façon de défendre la barricade qui se trouve là? Au moins, avez-vous prévenu tout le monde? ». Sans attendre sa réponse, je courus à la maison désignée. Le garçon du marchand de vin qui habite le rez-de-chaussée, s'occupait, sans se presser, à déclouer une étagère en bois blanc, placée au-dessus du comptoir. Cette impassibilité me surprit : « Pouvez-vous bien, lui dis-je, vous amuser à une telle bagatelle lorsque vous seul êtes à même de prévenir tous les locataires sans oublier personne ? » Il m'apprit que tous avaient déménagé depuis longtemps ; je me retourne ; le capitaine n'était plus là et je ne le revis jamais.

A peine revenu au Ministère, j'assistai à une panique des plus étranges; quelqu'un ayant crié : « Sauve qui peut ! voici les Versaillais ! » les gardes-nationaux traversaient la cour en désordre. Honteux de voir fuir ainsi des Français, j'ordonnai aux marins — je ne sais s'il y en avait bien quatre — de mettre baïonnette aux fusils et de leur barrer le passage. Cette mesure ayant produit l'effet que j'en attendais, je donnai ensuite l'ordre de monter aux étages de la façade de l'hôtel, pour résister à l'attaque qu'on semblait redouter. Les fédérés, après s'être mis aux fenêtres, tiraillèrent dans la direction de la rue Royale; mais personne ne leur répondant, je fis cesser le feu.

Pour constater si cette débandade avait été le résultat d'une panique, ou d'un mot d'ordre, je me rendis à la barricade construite à l'entrée du faubourg Saint-Honoré. Elle avait été complètement abandonnée; quelques canonniers marins accoururent, juste à temps, pour se mettre aux pièces. Les troupes attaquèrent avec un acharnement qui n'eut d'égal que celui avec lequel on leur riposta; mais elles durent battre en retraite. Voilà toute la part que j'ai prise à l'insurrection, au point de vue militaire, et les motifs qui m'y ont poussé.

Coïncidence bizarree, la tentative d'incendie, la panique qui fit fuir les fédérés, l'abandon et l'attaque de la barricade, dont la prise assurait le passage aux troupes eurent lieu simultanément.

Bien décidé à reprendre le rôle passif, qui avait été le mien jusqu'alors, je m'étais réinstallé dans ma chambre. En une demi-heure, un adjudant d'artillerie, que je n'avais jamais vu et dont le nom, Gérardot, doit être retenu, vint me trouver deux fois : la première, pour me déterminer à prendre le commandement de la position; et, à cet effet il m'offrit inutilement, devant les époux Vignon et d'autres témoins, une casquette de capitaine de vaisseau ; la seconde pour me dire que les munitions d'artillerie étaient sur le point de manquer, qu'il était allé vainement en réclamer au Ministère de la Guerre, et que je devais lui faire des bons.

Pour couper court à ces obsessions, je pris la détermination de monter à cheval et de me rendre à l'Hôtel de ville, suivi de Gérardot ; je me fis conduire directement à Lattapy, qui nous amena à son frère de mère, Cournet, — ce sont les deux seuls chefs que je vis. — Je leur exposai la situation telle qu'elle était, en insistant sur ce fait, que les hommes se plaignaient de n'avoir vu aucun chef, place de la Concorde. On me répondit que le colonel Brunel avait dû recevoir des instructions à ce sujet. Gérardot fit connaître ses besoins, mais on l'envoya dans les bureaux de la Guerre. Je ne l'attendis point.

A mon retour, il pouvait être cinq heures ; je trouvai le colonel Brunel, que je ne connaissais pas encore, installé au Ministère, avec tout son état-major. Une pièce d'artillerie, qui avait été braquée dans la direction de la rue

Royale, envoyait quantité d'obus par-dessus les maisons, dont quelques-unes étaient en feu, ainsi qu'au delà de la Madeleine, où l'on pensait que les troupes étaient massées.

Brunel, qui se tenait sous la porte cochère, m'apprit alors, qu'à la suite d'une nouvelle attaque et pour éviter que les troupes ne le surprissent, il avait donné l'ordre d'incendier l'entrée du faubourg Saint-Honoré. — Déclaration reproduite dans l'*Histoire de la Commune* par M. Lissagaray.

Comment le feu fut-il mis ? Je ne saurais le dire. On a raconté que nos canonniers avaient tiré, soit avec des obus à pétrole, soit avec des projectiles préalablement entourés d'étoupes ou de chiffons imbibés de ce liquide. L'impossibilité de la première assertion a été scientifiquement démontrée ; quant à la seconde, on pourrait, jusqu'à un certain point, admettre qu'elle ait été enfantée et colportée par des commères, mais que des personnes sérieuses l'aient reproduite, voilà qui dépasse l'imagination : quiconque a eu à se servir d'une arme à feu pourra se rendre compte que les chiffons ou étoupes seraient aux obus ce que sont les bourres aux balles, et tomberaient sans force.

au sortir de la pièce. Il y aurait eu également
l'histoire de cette fameuse pompe dont, selon
le propre aveu de M. Maxime Du Camp, on
ne put tirer aucun parti. Voici, à ce sujet, la
déposition que M. Juin, témoin cité dans
mon affaire, par le ministère public, fit devant
le conseil de guerre et répéta depuis : « C'est
l'homme aux 50,000 francs et quelques-uns de
ses amis, qui, après avoir été chercher cette
pompe, ont essayé de la faire jouer dans la cour
du Ministère ; comme leurs efforts restaient
vains, ils s'adressèrent à moi pour savoir comment ils devaient s'y prendre ; je leur répondis
que leur pompe ne pourrait servir à rien : non-
seulement M. Matillon n'était pas avec eux,
mais encore j'affirme que les nommés Lesage
et Fauconnier, qui soutiennent l'y-avoir vu, ne
s'y trouvaient pas davantage. » Ce qu'il y a
d'extraordinaire, c'est que ces hommes, ainsi
renseignés sur l'inutilité de cette pompe, aient
tenu à la traîner, quand même, dans la rue
Royale et à faire le simulacre de la manœuvre,
comme s'ils n'avaient eu qu'un but : *produire
un effet moral sur les voisins.* Il est vrai que cet
effet fut immense, puisqu'il donna naissance à
la légende des pompiers de la Commune met-

tant du pétrole, à la place d'eau, pour alimenter leurs pompes.

Quant au pétrole qui aurait servi aux incendies, il a été apporté dans une charrette, ce même soir, entre trois ou quatre heures, un peu avant que je ne me rendisse à l'Hôtel de ville. M. Lainé, concierge de la porte rue Saint-Florentin, en me faisant connaître ce détail, a ajouté : « C'est moi qui ai ouvert la porte cochère pour donner passage à la charrette. Comme vous le savez, monsieur Matillon, on voulait absolument que je vous eusse vu accompagner cette voiture ; on m'avait même fait faire une déclaration dans ce sens; et ce ne fut que grâce à mon insistance et à celle de mon fils, que nous pûmes, le lendemain, obtenir de la rectifier.

Soit lassitude, soit plutôt parce que la nuit était arrivée, le canon s'était insensiblement tû; Brunel et ses officiers en profitent pour se faire servir une collation: invité à y prendre part; je refuse pour souper seul chez moi (témoignage Fauconnier).

Sur les dix heures, quelques employés de l'administration régulière, y compris Gablin, vinrent m'apprendre que tout Paris brûlait; ma surprise et mon indignation furent telles qu'on m'engagea à venir m'en assurer : je les suivis sur la terrasse du Ministère. Là, le spectacle terrifiant que j'eus sous les yeux me fit venir aux lèvres les malédictions que, du fond du cœur, j'adressais à ceux qui provoquent, comme à ceux qui font les guerres civiles.

Soudain, le cri « le feu est aux Tuileries! » retentit à mes oreilles. Je regarde; en bas, presqu'à nos pieds, des croisées du palais des rois, sortent, en effet, d'immenses gerbes de feu qui vont, en serpentant, se perdre dans la teinte pourprée de l'horizon.

Je descends précipitamment; j'informe Brunel de tout ce que j'avais vu. Ce dernier, plus pratique et moins sensible que moi aux horreurs de la situation, craint que sa ligne de retraite soit coupée : il veut s'en rendre compte et me prie de l'accompagner.

A peine étions-nous rentrés, qu'un pli cacheté fut remis à Brunel : c'était l'ordre de se replier sur l'Hôtel de ville et d'incendier le Ministère de la Marine, ainsi que le bâtiment qui lui fait face et qu'on croyait être le Garde-meuble.

Je fis observer à Brunel que ce crime inutile

et sans profit aucun pour la défense, pouvait, par la destruction des archives et des inscriptions maritimes, plonger dans la ruine et la misère une grande partie des familles de nos marins, ainsi que celles des populations de nos provinces côtières.

Le colonel, tout en partageant les sentiments qui m'avaient fait lui parler ainsi, répondit qu'il n'était qu'un soldat, chargé d'exécuter une consigne. — Mais ne pourrait-on soumettre ces raisons à qui de droit ? lui demandai-je. — Je le ferais qu'elles ne serviraient à rien; il n'y aurait guère, je pense, ajouta-t-il, que l'offre d'une résistance à outrance qui pût avoir quelque chance de faire revenir le Comité de salut public sur cet ordre.

C'était une idée; je rédigeai cette lettre, dont on me fit un si grand grief, parce que l'on ne se rendit pas compte de l'inspiration qui me l'avait fait écrire:

« Au citoyen délégué à la guerre,

« Citoyen, le Comité de salut public donne l'ordre d'évacuer la place de la Concorde et d'incendier le Ministère, ainsi que le Garde-meuble. Voici notre réponse : Envoyez-nous des vivres et des munitions; nous nous y maintiendrons quand même, envers et contre tous. Au besoin, nous inspirant de l'exemple que nous ont laissé les officiers de marine qui montaient le vaisseau *le Vengeur,* nous nous erons sauter avec le Ministère. *Du moins, ensevelis sous les décombres, on ne dira pas que nous n'étions que de lâches incendiaires.* Salut et fraternité. Vive la République! »

Je donnai, à haute voix, lecture de cette lettre aux officiers de Brunel; celui-ci l'ayant signé, comme commandant des forces de la place de la Concorde, et moi, comme commandant civil du Ministère, on l'envoya à l'Hôtel de Ville.

Depuis leur arrivée au Ministère, les personnes de la taverne, n'étant point sorties de leur chambre, ignoraient qu'une partie de la rue Royale était en feu. La vérité pouvant leur être brusquement dévoilée, je pensai qu'il était préférable de la leur faire connaître avec ménagement. Je fis venir Mlle S... dans une pièce qui avait jour sur la rue: après lui avoir demandé qu'elle eût du courage et si elle pensait que dans le cas où la maison de sa tante aurait été incendiée, tous les siens eussent eu les moyens de fuir, je l'engageai à regarder par la croisée les conséquences de la guerre des rues.

Elle perdit connaissance et resta longtemps avant de la recouvrer. Il lui aurait donc été difficile de se rappeler mes paroles, si les menaces et l'intimidation ne lui avaient suggéré cette phrase : « Voyez, comme c'est joli, on dirait des feux de bengale ! »

A onze heures, arriva la réponse à notre lettre : on avait confirmé l'ordre précédemment donné. Je crus de mon devoir de faire appeler les principaux représentants de l'ancienne administration, savoir : MM. Mahé, Cazalis, l'un médecin et l'autre pharmacien de l'ambulance, et Gablin, chef du matériel.

Brunel tendit à ces messieurs l'ordre du Comité de salut public. : « Et les blessés, qu'en ferez-vous ? demanda le docteur ; nous en avons quarante-cinq des vôtres. » Cette question nous fit penser qu'on avait oublié l'ambulance. Nous exprimâmes à ces messieurs toute la satisfaction que nous éprouverions si contre-ordre était donné, et Brunel promit de soumettre cette objection à l'Hôtel de Ville et de demander de nouvelles instructions. Comme M. Mahé insistait pour qu'on se passât de l'autorisation du Comité, en alléguant que l'on contesterait peut-être l'existence de l'ambulance, Brunel dit qu'il n'y fallait pas songer ;

j'ajoutai que si cette contestation se produisait, Latappy, dont on connaissait les bons sentiments, serait là pour faire savoir la vérité.

Nous avions tous pensé que le dernier argument soumis serait pris en considération; mais nos espérances ne devaient pas durer longtemps. A son message, Brunel reçut cette réponse textuelle : « Faites transporter vos blessés au Louvre et exécutez les ordres qui vous ont été donnés. »

MM. Mahé, Cazalis et Gablin, furent mandés une deuxième fois; et Brunel leur communiqua l'ultimatum du Comité, en indiquant les préparatifs à faire pour l'évacuation des blessés. Aux nouvelles objections soulevées par le médecin et le pharmacien, Brunel répondit qu'il devait donner l'exemple d'une obéissance passive; et un de ses officiers, qui déjà avait dit qu'on ne devait pas discuter les ordres du Comité, proposa de se charger de l'exécution de cette horrible mesure, et ajouta, en montrant Gérardot : « Voilà un ami qui m'aidera. »

Dans cet état de choses, lorsque l'initiative personnelle était surtout à redouter, il n'y avait plus, selon moi, d'autre espérance à avoir que celle de profiter d'une circonstance heureuse pour précipiter la sortie des fédérés; et pour leur ôter toute idée de revenir, il fallait les tenir dans la crainte de l'écroulement subit du Ministère. Mais, jusqu'au départ du dernier garde, il y aurait eu témérité à conserver la moindre confiance, et surtout à vouloir la faire partager aux intéressés. N'aurais-pas été mille fois impardonnable, si, impuissant à empêcher la catastrophe de se produire, je n'avais prévenu personne, ni rien fait pour en atténuer les suites. J'engageai donc tous les fonctionnaires de l'administration régulière à mettre à profit le temps nécessaire au transport des blessés, pour sauver les archives et ce qu'ils avaient de précieux.

Sous prétexte que l'hôtel situé en face du Ministère ne contenait pas de blessés, on voulait y mettre le feu immédiatement. Sur ma prière, Brunel donna l'ordre formel de ne rien faire avant la complète évacuation de l'ambulance.

Je fis appeler Gérardot; je lui donnai l'ordre de conduire sa batterie à l'Hôtel de Ville, en lui disant, pour le stimuler, qu'il devait avoir à cœur de ne pas laisser son matériel entre les mains des troupes. — Dans tous ses interrogatoires, dont j'ai les copies authentiques entre les mains, cet homme a reconnu, de lui-même, avoir reçu cette mission. — Presque en même temps, je fus assez heureux pour voir envoyer en reconnaissance le capitaine qui s'était offert à diriger l'incendie. Ce dernier, avant de s'éloigner, serait entré dans l'appartement de M. Gablin, où se trouvaient les nommés Juin et Manfrina, en train de boire un verre de vin : « Que diable f.....-vous ici, vous autres ? aurait-il dit ; sauvez-vous, on va mettre le feu au Ministère. — Qui donc êtes-vous, citoyen ? Seriez-vous le général Eudes ? demanda Juin. — Non, je me nomme L... comme l'ancien ministre de Badingue. » Il se retira après avoir *parlé bas à l'oreille de Gablin* et avoir ajouté à haute voix : « Brunel et moi, nous y allons de notre tête, mais je m'en f....! » Témoignages de Juin et Manfrina.

On prétend que, peu après les événements, ce capitaine aurait été rencontré revêtu d'un uniforme administratif.

Avec les premiers blessés, j'avais fait partir, sous la protection des époux Vignon et du nommé Fauconnier, les personnes de la taverne, dont la présence, en cas de complications, pouvait offrir certains embarras. Comme elles n'avaient rien pour se garantir du froid, je leur fis remettre une couverture à chacune.

L'évacuation des malades se faisait lentement. Brunel ayant dit qu'il ne partirait qu'avec les derniers blessés, je résolus de faire le nécessaire pour hâter son départ. Je montai à l'ambulance et priai M. Cazalis d'activer le transport. Je pus, bientôt après, faire connaître à Brunel qu'il n'y avait plus que quelques blessés. Il profita de cet avis pour réunir ses hommes, donner le signal du départ et les emmener en m'adressant effectivement les quelques mots reproduits par M. Maxime Du Camp : « Matillon, je vous rends responsable des ordres du Comité de salut public. »

Je n'eus plus alors qu'un objectif : empêcher l'incendie.

Je m'étais assuré qn'il n'y avait plus personne dans les étages du Ministère; par contre, la cour de l'hôtel présentait un aspect indescriptible : caisses, caissons, obus, munitions, étaient jetés pêle-mêle; et des hommes, qui avec des lanternes, qui avec de simples torches, la parcouraient dans tous les sens. Au milieu de ce fouillis, Gérardot était assis entre Gablin et Langlet; étonné de le voir là, je lui demandai pourquoi il n'était pas avec ses canons. Il ne répond pas; je m'approche et je vois, à deux pas de lui, une cruche remplie de pétrole. Une

imprudence et c'en était fait de nous tous. Je
fis enlever cette cruche par un mousse devant
Gablin et Langlet. Ce dernier, se méprenant
sur mes intentions, se releva vivement et me
dit : « Mais, monsieur Matillon..... » Je l'ar-
rêtai, en lui disant de ne rien craindre. —
L'embarras était de savoir où la fourrer; ayant
à redouter le contrôle de ceux des nôtres résolus à exécuter jusqu'au bout l'ordre du Comité, je ne pouvais songer à la faire vider au
dehors : l'idée me vint de la faire mettre dans
le cabinet même du ministre. — Elle fut si
bien cachée que, malgré les fouilles qui furent faites, elle n'aurait été retrouvée que
par un aide de camp de l'amiral Pothuau,
qui l'a déclaré. Je jetai et répétai aussitôt, ce
cri, poussé de toutes mes forces : « *Tout le
monde dehors, le Ministère va sauter, le feu est
aux poudres!* »

Ce fut un sauve-qui-peut général : pour
courir plus vite, les brancardiers abandonnaient
les malades, et les retardataires se débarras-
saient de leurs armes. En même temps, je ras-
surai, par gestes et à voix basse, quelques employés du personnel régulier, qui, effrayés et
prêts à tout événement, se tenaient dans et
devant la loge de la porte donnant rue Saint-

Florentin. L'une des ces personnes, une jeune femme, ayant un enfant sur les bras, me demanda ce qu'on devait craindre ou espérer; si l'on devait partir ou rester.

Je venais de lui répondre: « Restez; vous n'avez plus rien à redouter », lorsque M. Cazalis, le pharmacien de l'ambulance, l'air effaré, la figure bouleversée, accourut pour me dire : « M. Matillon, il y a encore trois blessés, incapables de se remuer, qui sont dans leur lit ». Je lui répondis par ces propres paroles, que je dus lui répéter, tant elles le surprirent: « M. Cazalis, faites fermer la porte et ne craignez plus rien ». Je le laissai à ses réflexions et je partis à mon tour: il était environ trois heures.

On a insinué qu'en partant, j'avais la conviction que le Ministère allait réellement sauter ; que ce n'était qu'une question de temps. Cependant, on ne fait pas sauter une construction comme celle de l'hôtel de la Marine rien qu'avec des *mots* : Si l'intention qu'on me prête avait été mienne, on aurait certainement découvert des fourneaux de mine, quelque chose enfin qui pût trahir mon dessein.

M. Maxime Du Camp, dont le plus grand souci paraît plutôt avoir été de frapper de terreur l'imagination de ses lecteurs que de faire

de l'histoire, a bien raconté, entre autres scè-
nes de sauvagerie, que le pétrole ruisselait sur
les murs et dans la cour du Ministère, que
22 touries de ce liquide avaient été placées,
prêtes à être renversées, dans les appartements;
et que j'avais laissé *quinze gredins* (Note B) sous
les ordres de Gérardot pour achever mon œuvre.

Le prétendu liquide incendiaire qui ruisselait de tous côtés n'était que de l'eau, les employés ayant ouvert à notre sortie toutes les
bouches d'eau, pour noyer les poudres. Les
déclarations suivantes, qui étaient cependant
connues de M. Maxime Du Camp, suffiront à
prouver que ce dénoûment romanesque n'a
jamais existé que dans son imagination, si tant
est qu'il y ait cru lui-même.

M. Manfrina, fumiste du Ministère de la
Marine et témoin à charge dans mon procès,
s'est exprimé ainsi: « J'ai été chargé, immédiatement après le départ des fédérés, de passer une
inspection minutieuse dans toutes les pièces de
l'hôtel : je n'ai pas trouvé de pétrole. »

MM. le docteur Mahé, Langlet, Lesage, etc,
ont tous reconnu, en 1871, que j'étais resté le
tout dernier au Ministère, comme à un poste
d'honneur.

Maintenant, si l'on consulte le *Journal Officiel*

du 28 mars 1872, on y verra, dans le compte-rendu de la Chambre et à propos d'une discussion qui eut lieu sur Gablin — le héros de M. Maxime Du Camp — qu'à une voix de la droite, qui s'était écriée : « Mais c'est le sauveur du Ministère ! » M. le député Farcy, ancien capitaine de vaisseau, répondit, sans que *ni ministre de la Marine, ni personne* n'ait osé démentir le fait, que *le feu n'avait pas été mis au Ministère et qu'aucune tentative sérieuse n'avait été faite pour l'y mettre.* M. Farcy tenait ce renseignement de divers employés de l'administration régulière, restés au Ministère pendant la Commune et la lutte.

On a prétendu que l'ordonnance de non-lieu dont j'ai été l'objet en 1871, n'avait été rendue que par erreur. Je suis autorisé à faire connaître ici, qu'à ce moment, M. le député Farcy, qui ne me connaissait absolument pas, fit la rencontre à Versailles de M. Brioud, capitaine rapporteur du 4e Conseil de guerre, qui l'aurait abordé ainsi : « Mais que font-ils donc au Ministère de la Marine ? on instruit l'affaire du commandant du ministère pendant la lutte, et on nous donne l'ordre de déclarer *qu'il n'y a pas matière d poursuivre et de le renvoyer en non-lieu.* — Quant à la récompense promise au

nommé Gérardot, M. Maxime Du Camp et
d'autres, dans un but qu'on ne s'explique que
trop, ne veulent pas entendre dire qu'on lui
ait remis les 50,000 *francs*. Que M. Maxime
Du Camp veuille bien consulter les journaux
du soir des 17 et 18 octobre 1871 — douze
jours après ma mise en liberté par ordonnance
de non-lieu — il y retrouvera le passage que
j'ai lu jadis moi-même, sous le titre — *Incendie
projeté du Ministère de la Marine*. Le Commissaire du gouvernement du conseil de guerre
auquel l'affaire Gérardot avait été déférée, lut,
à l'audience, une lettre de M. Pallanes de
Champeaux, dans laquelle ce dernier demande
au conseil et au nom du Ministre de la Marine
qui désire que l'engagement pris en son nom
par M. Gablin soit respecté, l'acquittement de
Gérardot, afin d'être à même de lui payer les
50,000 francs promis. Dans le cas où
M. Maxime du Camp douterait encore, je tiens
à sa disposition des pièces dont il ne pourra
récuser *ni l'origine ni l'importance*.

En relisant le récit que je viens de terminer,
j'y trouve encore bien des lacunes, mais il me
semble cependant que j'ai répondu à toutes les
accusations de M. Maxime du Camp, auxquelles
je prie instamment les lecteurs de la *Revue des*

Deux Mondes de vouloir bien se reporter, j'espère que l'injustice de ces accusations les frappera maintenant et qu'ils me sauront gré de la modération que j'ai mise à les réfuter.

Je n'ajouterai plus qu'un mot : je n'ai jamais mis en doute les bons sentiments qui ont poussé MM. le docteur Mahé, Cazalis et en général tout le personnel du Ministère à insister pour retarder, jusqu'au dernier moment, l'enlèvement des blessés et à essayer de sauver le Ministère : mais une enquête sérieuse, où les témoins que je demandais eussent apporté leurs dépositions, aurait démontré que, dans cette œuvre de sauvetage, j'avais été leur plus utile auxiliaire.

P. MATILLON

NOTES

—

A. — Dès qu'on eût connaissance à Versailles du dé-cret de la Commune qui nommait M. Doussot, chef d'état-major de la délégation de la Marine, on fit faire auprès de lui les démarches les plus incessantes pour l'empêcher d'accepter cette fonction : je pourrais citer tel personnage, bien connu de tout Paris, qui vint en ambassadeur au ministère. M. Doussot resta fidèle à ses convictions. Ces Messieurs du gouvernement ne se tin-rent point pour battus ; ils espérèrent avoir raison de l'obstination de notre chef d'état-major, en employant le moyen cher aux jésuites : la femme.

Madame Doussot était alors à Rochefort ou à La Ro-chelle, je ne sais plus au juste. On fit jouer, près d'elle, toutes les influences locales et départementales, sans en excepter celle du confesseur. « Votre mari, vint-on lui dire, aurait-il subitement perdu la raison ? Autant eût valu qu'il se fît chef de brigands que d'entrer au ser-vice de la Commune. Il faut partir immédiatement pour Paris et le ramener avec vous : il y va de votre salut éternel. Surtout soyez prudente ; pas de toilette et gar-dez-vous de laisser paraître le moindre bijou qui puisse éveiller les convoitises de ces bandits de Parisiens ; vous seriez sûrement dévalisée ; assassinée peut-être. » Madame Doussot, plus morte que vive, vêtue modes-tement, sans boucles aux oreilles, sans anneaux aux doigts, et n'ayant en poche que l'argent indispensable à son voyage, débarqua enfin dans la capitale. Surprise de voir, dans la cour de la gare, des voitures avec des

cochers, sinon plus polis du moins pas plus insolents
que ceux qu'elle avait vus sous l'Empire, elle se risqua
à prendre place dans l'une, et, à jeter timidement à
son automédon ces mots : *au ministère de la Marine.*
Elle ne commença à se rassurer que lorsqu'elle eut vu
les boutiques ouvertes et les habitants qui vaquaient à
leurs affaires, comme en temps ordinaire.

B. — A propos des *quinze gredins*, M. Du Camp raconte
bien que M. Gablin les aurait enfermés dans des chambres
du Ministère ; mais il ne dit point ce qu'ils seraient
devenus. Peut-être ont-ils été fusillés, me suis-je demandé, si j'allais aux renseignements ?... Quelques anciens employés du Ministère, que j'ai questionnés à ce
sujet, m'ont répondu qu'ils n'avaient jamais entendu
parler des susdits gredins ; et qu'aucune autre exécution que celle d'un pauvre garçon, dont l'histoire pa-
thétique mérite d'être contée, n'avait eu lieu au Ministère.

Cet homme, ancien marin, ayant servi sous les ordres de M. l'amiral Pothuau, pendant le siége par les
Prussiens, était resté en congé à Paris. Les évènements
du 18 mars ont lieu ; il continue à vivre tranquillement
chez son frère, chevalier de la Légion d'honneur et employé de l'État. Malheureusement pour lui, s'il se tint
à l'écart de la politique, il ne sut point maîtriser son
cœur : il aima et demanda en mariage la fille d'un vieux
républicain. Ce dernier ayant posé, comme condition à
son consentement, qu'il servirait d'abord la Commune,
il vint, dans les premiers jours de mai, s'enrôler dans
les équipages de la flotille insurgée. A la rentrée des
troupes dans Paris, comme il était connu de certains
employés de l'administration, ces derniers le firent entrer dans une chambre, où, pendant la lutte, il vécut
avec les vivres qu'on lui apporta. Longtemps après
l'évacuation du Ministère par les fédérés, ce pauvre

diable, à qui le nommé C... venait de remettre un vêtement civil et de dire qu'il n'avait rien à craindre, sortit
de sa cachette, pour aller saluer son ancien chef, M. l'a-
miral Pothuau, dont on annonçait l'arrivée.

Par une fatalité, les effets qu'il avait sur le dos
avaient été empruntés à la garde-robe de M. Gablin,
qui, les reconnaissant, ainsi que l'homme, dit : « C'est
un voleur ; il faut le fusiller ! » Malgré ses protestations,
ses supplications et l'intervention d'employés subalternes, on le tua à coups de révolvers.

CHAPITRE ADDITIONNEL

VISITE A M. MAXIME DU CAMP

Dans ses pièces, soi-disant justificatives, du 3ᵉ volume de son ouvrage, LES CONVULSIONS DE PARIS, sous le titre, *Incident Matillon*, et au sujet de l'entretien que nous avions eu ensemble chez lui, le matin du jour même où je me suis constitué prisonnier, M. Du Camp donne une version, qui pêche surtout par l'absence de sincérité.

Je vais suppléer, je ne dirai pas au manque de mémoire de cet écrivain, puisqu'il a pris soin de faire connaître qu'il avait rédigé ses notes sur moi, aussitôt après mon départ de chez lui, mais à son peu de loyauté.

J'étais à Trieste quand on me fit parvenir le numéro de la *Revue des deux Mondes* qui contenait le récit dans lequel M. Maxime du Camp m'avait attaqué si violemment. Je ne connaissais cet auteur que pour avoir entendu dire de lui, qu'après avoir été républicain de la nuance la plus écarlate, en 1848, Volontaire de Garibaldi, il avait fait ce qu'il fallait pour être proposé par celui qui fut Napoléon III, à un siége de sénateur ;

cela bien qu'il eût publié jadis contre l'Empereur, entre
autres poëmes des plus violents, une ode, intitulée
Notre Dame de la Haine, d'où j'extrais les strophes
suivantes :

> *Notre Dame ! s'il faut encore*
> *Que la haine qui me dévore,*
> *Pour celui que vous savez bien,*
> *Demeure inutile dans l'ombre,*
> *Et que tous mes efforts sans nombre*
> *Se brisent sans servir à rien ;*
>
> *J'irai pélerin de colère,*
> *Prier dans votre sanctuaire.*
> *Afin de vous parler de lui ;*
> *J'irai vous raconter ma peine,*
> *O Notre-Dame de la haine !*
> *Et vous demander votre appui !*

Un tel changement dans les opinions politiques du
poëte qui avait écrit, en 1852, les stances que j'ai re-
produites en tête de cette brochure, eût dû m'édifier
sur son caractère ; mais, dans ma naîveté et mon inex-
périence des choses et des hommes, je ne pouvais com-
prendre qu'un écrivain d'un aussi grande valeur littéraire, se fût fait le dénonciateur public, le calomniateur
en titre de ceux de ses compatriotes dont le plus grand
crime était peut-être d'avoir été vaincus. On l'aura
trompé ; me dis-je ; et je ne doutais point qu'il me suf-
firait de lui faire parvenir, avec mes protestations, les
documents que j'avais entre les mains, pour qu'il mo-
difiât son récit : je lui écrivis une première lettre. Le
hasard fit qu'il ne la reçut pas. Ignorant ce détail qui
justifiait le silence de M. Du Camp, mais ne pouvait

calmer mes inquiétudes, je pris la résolution de venir me présenter à la justice de mon pays.

Avant d'aller chercher mon billet d'écrou, j'envoyai à M. Du Camp la lettre suivante qu'il a reproduite dans son récit.

« 10 mai 78. — Monsieur, j'arrive de bien loin pour faire réviser mon jugement, prononcé par défaut et après une mise en liberté par ordonnance de non-lieu et un séjour d'environ 5 mois (*aux plus mauvais jours*) dans les diverses prisons de Versailles. Demain soir, samedi, je serai à la prison du Cherche-Midi. Avant de me constituer prisonnier, je m'estimerais très-heureux d'avoir un entretien de quelques minutes avec vous. J'aime à croire, Monsieur, que votre équité et votre impartialité vous feront un devoir de m'accorder cette satisfaction. Demain matin, à dix heures, je frapperai à votre porte. Vous voudrez bien considérer ma démarche comme celle d'une conscience honnête et franche, qui a été calomniée de la façon la plus indigne par ceux, peut-être, qui lui doivent d'être encore de ce monde. Je vous donnerai des détails. Veuillez agréer, etc. — Matillon. »

A dix heures précises, je sonnais chez M. Du Camp; lui-même vint ouvrir. « M. Maxime Du Camp? demandai-je. — C'est moi, Monsieur, répondit-il, vous êtes bien la personne qui m'a écrit hier soir? » Sur ma réponse affirmative, il me tendit la main. Je fus si étonné d'une telle réception, qu'avant de répondre à cette avance, je le priai de me dire, si déjà, il avait eu l'occasion de reconnaître qu'il m'avait calomnié. Sans répondre d'un façon directe, il m'avoua avoir reçu de nombreuses protestations. « Cependant, ajouta-t-il, je n'ai pas encore dit de vous tout le mal qu'on m'en a conté. »

Tout en échangeant ces quelques mots, nous étions arrivés à son cabinet de travail. Il m'offrit un siége;

après quoi, j'entrai dans tous les détails relatifs à mon arrestation de juin 1871, à l'ordonnance de non-lieu dont j'avais été l'objet, au voyage en Belgique, que j'entrepris après qu'on m'eût fait prévenir officieusement qu'un nouveau mandat d'amener avait été décerné contre moi. M. Du Camp feignit d'ignorer certaines particularités; il m'en conta de fort intéressantes et me communiqua certaines pièces du dossier de la Marine.

La principale était celle du nommé Fauconnier, garçon de bureau au Ministère. D'après ce dernier, c'était moi qui, le lundi matin, avais organisé la défense de la place de la Concorde; j'étais allé, dans le cours de cette journée, plusieurs fois au Ministère de la guerre et à l'Hôtel-de-Ville. Il entrait dans une foule de détails sur les évènements auxquels j'aurais pris part pendant les journées des 23 et 24 mai; il terminait en disant qu'il m'avait entendu, dans l'après midi du mardi, dire aux fédérés : « Courage mes amis; j'attends du pétrole, nous allons tout brûler! »

M. Maxime Du Camp ne put dissimuler son étonnement, quand je lui fis observer que je pouvais prouver :

1° Qu'après avoir quitté le Ministère, le lundi matin, à sept heures, je n'y étais revenu que le même soir à cinq heures ;

2° Que Fauconnier lui-même n'était venu au Ministère que le mardi matin ;

3° Qu'en juin 1871, pendant l'interrogatoire que M. Humann, officier de marine, me fit subir en présence de sept personnes, alors que la mémoire du témoin devait être beaucoup plus fraiche, il n'avait déposé que sur ces deux chefs d'accusation : « Une distribution de vin; et avoir, des croisées du ministère, tiré et fait tirer sur les troupes. » (*Comme je le prévoyais à ce moment, Fauconnier, lors des débats de mon procès, ne voulut pas endosser la responsabilité d'une telle dépo-*

sition, qui fut reprise par le nommé Lesage.)

Je continuai par la lecture d'un court résumé de mon affaire. Arrivé au passage qui suit l'exposé des évènements qui me firent sortir de mon rôle passif et que voici : « je fus indigné, exaspéré de ces procédés barbares, employés par des soldats français contre des compatriotes, qui avaient, pendant le siége de Paris par l'étranger, enduré stoïquement des privations et des souffrances de toutes sortes et donné au monde entier un admirable exemple de patriotisme », M. Du Camp m'interrompit par cette recommandation : « *Surtout gardez-vous de dire cela : ce serait votre condamnation.* »

Pendant tout le temps que dura mon récit, il ne cessa de pousser des exclamations de surprise : « Oh ! ah ! ce n'est pas possible ! » Et, plus d'une fois, je le vis essuyer, ou faire semblant d'essuyer une larme.

Quand j'eus terminé, il s'exprima ainsi : « Je suis très-ému par tout ce que vous venez de me lire ; mais fussiez-vous mille fois innocent des faits dont on vous accuse, vous serez certainement condamné. Vous êtes jeune ; l'avenir vous appartient ; et vous iriez de gaieté de cœur vous jeter dans un gouffre, d'où vous ne sortiriez peut-être jamais ! Ah, si vous aviez mon âge, je ne dis pas, mais au vôtre, à trente-deux ans, voyons, réfléchissez. Compteriez-vous sur une prochaine amnistie? Ce serait un mauvais calcul ; car, je vous le garantis, il n'y en aura pas avant dix ans. » Et comme il le raconte lui-même, je l'écoutai presque en souriant ; et à ses observations, je répondis, ô comble de l'illusion ! « J'ai confiance dans mon droit ; peu m'importe la condamnation qui me frappera pour participation à l'insurrection ; ce que je veux, c'est n'être condamné, ni comme pillard, ni comme incendiaire. »

M. Maxime du Camp essaya encore, par de nouvelles

exhortations, de me faire revenir sur ma détermination, sans toutefois, me proposer le seul moyen qui eût eu quelque chance de succès : me promettre de faire une enquête, et de rectifier son récit suivant le résultat qu'il obtiendrait. Je lui répétai qu'il était impossible, qu'avec l'aide de mes témoins, je n'obtinsse pas gain de cause ; que ma décision était irrévocable et que, le même soir, je coucherais à la prison de la rue du Cherche-Midi.

M. Du Camp me demanda si j'avais un avocat. « Mais, dis-je, je me suis présenté en arrivant à Paris chez M. L. R..., député, dont je connais les opinions anti-bonapartistes ; malheureusement, il était à la campagne. Je laissai mon mémoire à un de ses secrétaires qui m'engagea à revenir. Lors de ma seconde visite, on me fit connaître que, par suite des nombreuses occupa-ions qu'avait M. L. R... à la Chambre et au Conseil d'État, il ne pouvait se charger directement de ma défense, mais qu'il la dirigerait ; que je pouvais, en conséquence, aller m'entendre avec un des stagiaires, dont on me donna l'adresse. Je suis allé chez ce dernier, ajoutai-je, je me suis entretenu à diverses reprises avec lui ; mais son extrême jeunesse m'a fait le remercier. Je me propose d'aller voir, aujourd'hui même, M. G.. et M. A... deux avocats bien connus du parti républi-cain. » — N'allez voir personne, me répondit M. Du Camp, j'ai votre affaire : M. R... ancien bâtonnier de l'ordre des avocats, pendant la Commune, est un de mes amis ; je ne doute pas que, sur ma pressante re-commandation, il ne consente à vous prêter son appui, ainsi que le concours de son beau talent. » J'acceptai avec reconnaissance ; et il me fit pour M. R... une lettre ouverte, dont il m'autorisa à prendre connaissance.

Cette lettre, dont j'ai conservé une copie, tenait quatre pages et était des plus touchantes ; la conclusion était celle-ci : « *Si Matillon ne se savait calomnie, il ne viendrait pas se mettre entre les mains de la justice.* »

Croyant à la sincérité de M. Maxime Du Camp, je le remerciai avec la plus grande effusion ; lui-même m'engagea à recourir à lui de préférence à n'importe qui, pour n'importe quel service que je pourrais avoir à demander et de pas oublier, si j'y voyais un intérêt, de le faire citer comme témoin.

Avant de prendre congé de lui et comme il me reconduisait, je lui adressai cette dernière question : « Vous avez fait un héros de M. Gablin ; le connaissez-vous ?— « Oui ; je le sais, j'ai été trompé, c'est un... » Et il le qualifia d'une épithète aussi énergique que peu flatteuse. Ce qui n'empêche point que, dans sa nouvelle publication, il a laissé subsister tout ce qu'il en avait dit.

Le lendemain de mon arrivée au *Cherche-Midi*, je reçus une lettre de M. Du Camp qui me renouvelait ses offres de services ; nous échangeâmes ainsi, pendant la seconde quinzaine de mai plusieurs correspondances: dans ses dernières, il supprima le *cher M. Matillon*, mais il ne changea point sa formule, qui fut toujours celle-ci : « *Tout à vous.* »

L'enquête, *qui ne servit du reste qu'à recueillir des dépositions à charge*, dura quatre mois. Je n'avais plus eu d'autre nouvelle de M. Du Camp, sinon qu'il était parti depuis trois mois pour Baden-Baden, lorsque je lui écrivis, le 15 août, pour lui annoncer que je le ferais citer, lors des débats, comme témoin, soit à charge, soit à décharge.

Le 17 août, mon avocat me remettait la réponse de M. Maxime Du Camp, que je ne puis reproduire ici, faute d'espace, mais qui peut se résumer par ces mots: « *Offres d'argent, promesses d'appui pour une commu-*

*tation de peine après condamnation, menaces indirectes
de nouvelles révélations à charge.* »

Sous le coup de l'indignation que me causait un tel changement, j'écrivis à M. Maxime du Camp une lettre où je le mettais au défi de produire ces révélations nouvelles, lettre qu'il n'a pas publiée et qu'il ne publiera pas !

M.

PARIS.— TYP. COLLOMBON ET BRULÉ, RUE DE L'ABBAYE, 22.